AF337627

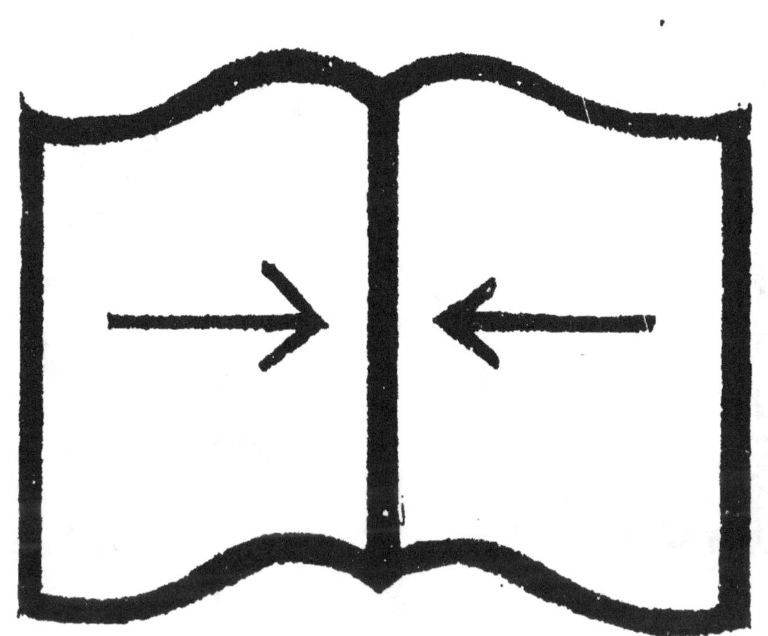

RELIURE SERREE
Absence de marges
intérieures

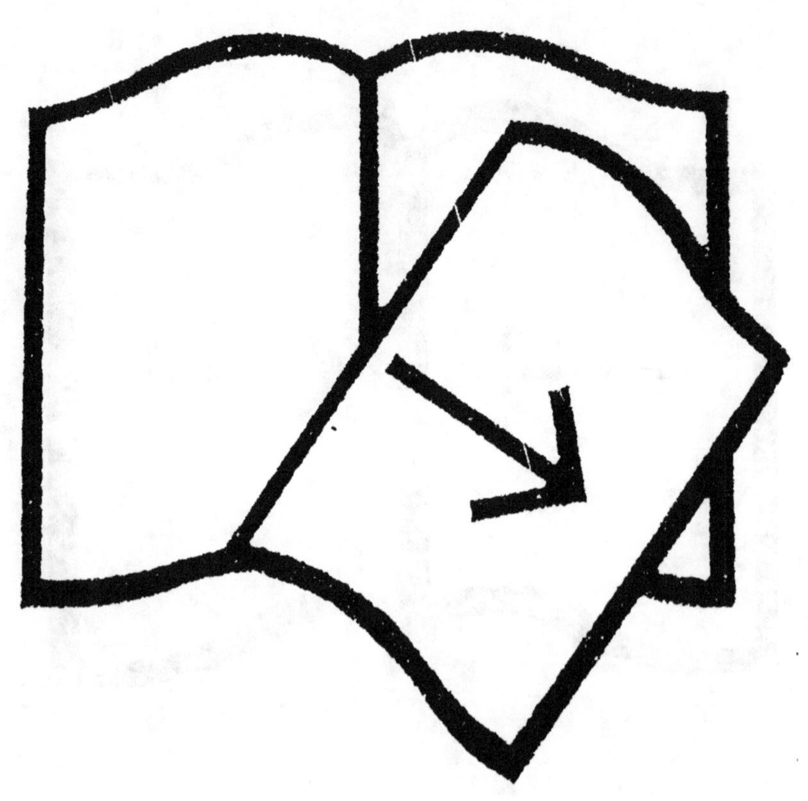

Couvertures supérieure et inférieure
manquantes

à Monsieur V. Delisle
Hommage respectueux
[signature]

LIMOGES

—

PRÉDICATIONS

ET

Prédicateurs d'Autrefois

Par Louis GUIBERT

—

RECUEIL DE TROIS ARTICLES

PUBLIÉS

Dans la GAZETTE DU CENTRE

DES

21, 22 et 23 Mars 1897

LIMOGES
IMPRIMERIE COMMERCIALE PERRETTE
1, Boulevard Montmailler, 1

—

1897

PRÉDICATIONS

ET

PRÉDICATEURS D'AUTREFOIS

[Library stamp]

LIMOGES, CARÊME DE 1897

La Mission que les Révérends Pères de la Compagnie de Jésus donnent en ce moment dans toutes les paroisses de Limoges, avec tant de zèle et tant de succès, pourra faire trouver un certain intérêt d'actualité à quelques notes sur les prédications d'autrefois dans notre ville.

Au Moyen-âge, les sermons avaient souvent lieu en plein air. La tradition des premiers évangélisateurs du pays se maintenait à travers les siècles. Saint-Martial avait annoncé sur les chemins et sur les places publiques la venue du Christ et la rédemption du genre humain. C'était hors de la ville, dans un carrefour proche de la porte *Calcinée*, qu'il avait pour la dernière fois prêché la doctrine du Maître et fait ses adieux à son peuple. Les successeurs de l'apôtre renouvelaient, dans les mêmes conditions, l'enseignement des vérités évangéliques aux foules accourues sur leur passage. Les églises étaient petites et ne permettaient pas aux prêtres de se faire entendre à la multitude. C'était donc en plein air qu'aux grandes fêtes, l'évêque ou le curé s'adressaient aux fidèles. Cet usage persista longtemps après que le vaisseau des temples se fût élargi, et longtemps encore le pasteur parla au peuple en dehors des édifices religieux, de préférence dans les cimetières qui les entouraient et qui furent, il ne faut pas l'oublier, les premières places publiques de nos bourgs et de nombre de villes. Il est souvent fait mention, à nos annales ou à d'anciens documents, de sermons et de discours en plein air.

Rappelons à ce sujet un grand souvenir historique : la prédication de la première Croisade fut faite à Limoges, au mois de décembre 1095, par le Pape Urbain II lui-même, qui revenait du Concile de Clermont. Elle eut lieu sur la place qui s'étendait au-devant de la cathédrale de St-Etienne. Un contemporain, un témoin, le Bienheureux Geoffroi, restaurateur du monastère du Chalard, nous a laissé un résumé de l'allocution du pontife qui, dit-il, parlait fort bien : *satis honeste*.

Nos vieilles chroniques signalent plusieurs prédications faites dans l'ancien amphithéâtre gallo-romain, dont quelques débris subsistèrent jusqu'au siècle dernier. Ces restes sont aujourd'hui recouverts par les terrasses de la place d'Orsay. Les « Arènes », comme on les appelait, étaient demeurées le lieu des très nombreuses réunions. Là se tenaient les grandes foires ; là avaient souvent lieu les exécutions capitales ; on y tirait de l'arc, on y allumait les feux de joie et la milice y défilait aux jours de réjouissances publiques. Les prédications se faisaient soit dans l'intérieur même de l'ancien amphithéâtre, au « Cros de l'Arena », soit sur les terrains en pente douce qui descendaient du vieux monument vers les remparts de la ville du Château. Sur ces terrains, l'église de Notre-Dame des Arènes avait eu son cimetière, et depuis la réunion de cette paroisse à celle de St-Michel-des-Lions, cette dernière y avait établi son principal champ de repos.

Ces sermons devaient être assez fréquents. Le chroniqueur Bernard Itier, religieux et bibliothécaire de l'abbaye de St-Martial, nous apprend que lui-même prêcha au cimetière des Arènes la veille de la fête de l'Ascension de l'an 1211. Il y parla encore au peuple, notamment le jour des Rameaux de l'année suivante ; mais, cette fois, dans l'amphithéâtre même. Ce fut aussi au creux des Arènes que prêcha, durant son séjour à Limoges, saint Antoine de Padoue. Les religieux de St-François, qui avaient été accueillis avec une grande faveur par le peuple, paraissent avoir aimé à parler en plein air. Saint Antoine se fit entendre pour la première fois à Limoges dans le cimetière de St-Paul, qui occupait la portion de la place Jourdan la plus rapprochée du débouché de l'avenue des Bénédictins.

Le sermon, ou un des sermons qu'il prêcha aux Arènes, est resté célèbre par le prodige qui le signala : une grosse pluie étant survenue pendant que la foule attentive se pressait autour du religieux, aucun des assistants ne s'en aperçut : pas une goutte d'eau n'était tombée sur l'amphithéâtre.

Le lieu le plus ordinaire des prédications en plein air, dans le Château de Limoges, fut la place des Arbres, qui était une dépendance du monastère de St-Martial et s'étendait derrière le chevet de la basilique. Elle avait autrefois servi de cimetière, et on y voyait de très beaux arbres qui furent coupés en 1743. Au nord de l'Eglise, vers le milieu de la place actuelle de la République, se dressait une vieille croix de pierre, avec une chaire à côté. De cette chaire, aux jours de fêtes solennelles, l'Evêque, l'abbé de St-Martial, un dignitaire ecclésiastique ou quelque prédicateur en vogue adressait la parole au peuple. Au pied de la croix, en 1290 et 1302, une compagnie de bourgeois de Cahors, venus sans doute en pèlerinage au tombeau de l'apôtre d'Aquitaine, donna des représentations des miracles de Saint-Martial, et en 1521 on joua la Passion. Le sujet était édifiant ; mais tous les détails du spectacle ne le furent pas : un naïf chroniqueur assure que de vrais démons se mêlèrent aux acteurs chargés des rôles de diables, et firent de fort vilaines choses. On donna sur la place des Arbres d'autres représentations théâtrales. Nos pères n'étaient pas difficiles, et les longues tirades de ces mystères auraient bien peu de charme pour nos contemporains habitués à d'autres spectacles. Les bourgeois de Limoges avaient néanmoins un goût prononcé pour ces drames pieux, qui duraient des semaines entières. En 1540, on organisa une représentation, en plusieurs journées, de *Joseph en Egypte*. Le soir d'une de ces journées, un orage épouvantable se déchaîna sur la ville et ses environs. La populace, voyant dans cette tempête un signe de la colère céleste, qu'elle croyait excitée par ces sortes de spectacles, s'ameuta et on dut renoncer à continuer les représentations.

Les spectacles de ce genre ne différaient guère, pourtant, de véritables prédications. On peut en dire autant des scènes de la vie des saints representées par les membres de certaines confréries au cours des processions, surtout à l'époque des ostensions septennales, et des dialogues pieux qu'on faisait souvent débiter par des enfants quand revenaient les mêmes solennités. Il n'y a pas beaucoup plus d'un demi-siècle qu'ont disparu ces représentations, et le doyen respecté des archéologues de la province, le savant chanoine Arbellot, conserve, dans un coin de son excellente mémoire, quelques fragments des tirades récitées en plein vent sur le parvis de la cathédrale, au grand plaisir et à la grande édification de leur auditoire, par les jeunes acteurs chargés de représenter les Macchabées ou les enfants de Ste-Félicité.

Jusqu'à une époque assez rapprochée de nous, il y avait, à toutes les processions générales, à la croix de la place des Arbres, une station pendant laquelle l'évêque ou un ecclésiastique, désigné par lui, montait dans la chaire de pierre et faisait un sermon sur la fête du jour.

Parler en plein vent ne convient pas à tous les organes. Parfois l'orateur choisi par le prélat se refusait à un effort que ses poumons ne lui permettaient pas de tenter, ou bien il redoutait le tumulte de la foule. En 1605, le R. P. Solier, alors recteur du collège de la compagnie de Jésus, que Mgr de la Marthonie avait chargé de prêcher le sermon de la grande procession du Jubilé (18 septembre), déclara, — au cours même de la procession, semble-t-il, — qu'il ne parlerait pas à la place accoutumée et qu'il ne se ferait entendre que dans l'ancien réfectoire du monastère de St-Martial, vaste et belle salle où plusieurs souverains avaient tenu de solennelles audiences. Malgré toutes les représentations, toutes les instances, il ne voulut pas démordre de ce qu'il avait dit. Cet incident causa une vive agitation, et le chapitre de St-Etienne se retira en protestant.

La station de la place des Arbres fut toutefois maintenue, et on continua d'y prêcher, au moins le jour de la grande procession de l'octave du St-Sacrement ; mais cette station prolongée était l'occasion de certains désordres. Beaucoup d'assistants, de membres des confréries surtout, profitaient de cette halte pour quitter le cortège et se répandre dans les cabarets du voisinage. On se décida à la supprimer en 1761 : le sermon fut depuis donné à la cathédrale le jour de l'octave.

Ce n'étaient pas seulement les prédicateurs désignés par l'Evêque qui s'étaient fait entendre dans la chaire de la place des Arbres. Des accents plus ardents et moins orthodoxes y avaient autrefois retenti. Nous avons, il y a quelques années, rappelé, dans l'*Almanach Limou-sin*, l'émoi produit à Limoges par les prédications d'un religieux carme, le F. Jean Menauld, qui fut du reste provincial de Gascogne et que les historiographes de son ordre mentionnent parmi les célébrités de cette grande famille religieuse. Menauld, qui avait un peu couru le monde, pofessait sur certains points de la théologie des opinions au moins hardies. Plus d'une fois probablement il eut maille à partir avec l'autorité diocésaine. Nous constatons qu'à Limoges, tout au moins, ses prédications excitèrent les craintes du vicaire général qui remplissait en même temps les fonctions d'official et furent l'occasion des plus regrettables scènes.

Le dimanche de la Passion 1492, Menauld, prêchant sur la place des Arbres, avança des propositions qui lui attirèrent un avertissement sévère de l'ordinaire. Il promit de se rétracter et n'en fit rien. Il renouvela au contraire ses prédications hasardées, protesta contre l'intervention de l'autorité ecclésiastique, déblatéra avec violence contre les gens d'église. Excommunié à la suite de cette algarade, il se rendit, le jour de Pâques, escorté d'un certain nombre de religieux de son couvent qui avaient épousé sa querelle, sur cette même place des Arbres où le sermon devait être fait ce jour-là par l'official en personne. Arrivé le premier, le Carme monta dans la chaire et adressa à la multitude une allocution enflammée. On ne trouva rien de mieux, pour le réduire au silence, que de mettre en branle les cloches de St-Martial et de St-

Pierre, dont le bruit assourdissant couvrit la voix de l'orateur et le contraignit d'aller continuer son discours sur la place des Bancs.

Là, il parla, d'une fenêtre, aux auditeurs qui l'avaient suivi. Puis il rentra dans son couvent, escorté d'une foule tumultueuse, à laquelle il donna rendez-vous au surlendemain, dans l'église des Carmes, pour la continuation de sa prédication ; mais l'officialité s'étant décidée, en présence de cette audace croissante et de ces défis répétés, à saisir la justice séculière, Menauld jugea prudent de quitter Limoges, le 24 avril, accompagné par une troupe de religieux et de bourgeois armés de lances, d'épées, de poignards, de piques, de bâtons. Il arriva sans encombre à Thiviers. — Là, il fut arrêté, et le 2 mai une sentence de l'official confirma l'interdit et l'excommunication prononcés contre lui. Des mesures rigoureuses furent prises contre le prieur de sa communauté et les religieux qui l'avaient soutenu. De nouveaux incidents vinrent se greffer sur cette affaire, dont nous ne connaissons pas le dénouement. On sait, toutefois, que Menauld continua de prêcher, avec plus de prudence sans doute, qu'il publia plusieurs ouvrages et qu'il occupa jusqu'à la fin une place distinguée dans son ordre.

La Réforme, introduite en Limousin par quelques hardis apôtres, fut souvent prêchée en plein air. Dans la banlieue de Limoges, le bois du Moulin Blanc abrita, dit-on, en 1560, les premières assemblées des adhérents de la nouvelle doctrine et retentit des accents passionnés du ministre Lafontaine. Peut-être notre ville avait-elle déjà entendu la parole des novateurs et avait-elle reçu dans ses murs plus d'un disciple de Calvin, par exemple ce « docteur » que le malheureux Guillaume du Dognon, dont on connaît la fin tragique, avait un jour, pour son malheur, rencontré près de Saint-Léonard. Après Lafontaine, d'autres prédicants se firent entendre en divers lieux des environs de la ville et des faubourgs : à La Borie, à La Couture, à Montjovis, puis au cœur même du Château, dans la cour de la maison de l'orfèvre Bertrand, au bas des Combes. A ces orateurs, les catholiques en opposèrent d'autres, non moins intrépides, non moins ardents. De véritables missions furent organisées, qui portèrent surtout leurs efforts sur les petites villes où le calvinisme menaçait de prendre racine. Les prédicateurs qui se jetèrent ainsi au-devant du flot hérétique menaçant de tout envahir, n'étaient peut-être pas tous également éloquents. L'auteur des *Annales manuscrites* et après lui l'historien de St-Martial, le P. Bonaventure de St Amable, vantent le talent d'un de ces orateurs, nommé Céré ou Cérès. Le chapitre de St-Etienne l'avait envoyé chercher à Rodez. Céré accepta l'invitation qui lui était adressée et prêcha dans notre ville en 1561. Ses sermons obtinrent un si grand succès que, dès l'année suivante, un membre du même chapitre, le chanoine Vexière, allait le supplier de revenir ; le prédicateur se fit de nouveau entendre au mois de septembre 1562. Sa parole porta les mêmes fruits ; on le redemanda l'année suivante ; en 1564, on lui envoya, à Toulouse, de l'argent et un cheval, et les magistrats municipaux contribuèrent à le défrayer pendant son séjour à Limoges, séjour qui fut assez long, puisqu'il y prêcha l'Avent de cette année et le Carême de la suivante. Il provoqua le ministre Brunel du Parcq à une controverse publique et paraît avoir inauguré, dans la province, ces « colloques » dont M. Alfred Leroux, dans son importante *Histoire de la Réforme en Limousin*, signale un certain nombre

La Ligue eut à Limoges, comme à Paris, ses orateurs populaires. Il semble que ce furent surtout des laïques : le juge Martial de Petiot, le « Saint », celui-là même qui, vêtu de velours noir et la cuirasse au dos, adjurait le peuple, dans la procession du 15 octobre 1589, de prendre les armes et de suivre la croix ; Pierre Sanxon, le chef du faubourg Boucherie ; Delauze, l'hôtelier du *Cheval Blanc*, peut-être le greffier Claude Rouard et Aymeric Guibert, avocat du Roi, qui fut député du Tiers aux Etats de 1588. Mais nous ne trouvons nulle part mention d'un membre du clergé, religieux ou séculier, ayant, par son éloquence, conquis une influence considérable et remué profondément la population. Le prêtre Jérôme Blanchard, qui élève le crucifix et marche en tête du cortège du 15 octobre en criant : « Vive la croix et la liberté ! » ; le vicaire Fougeyrat, qui préside à l'assaut du palais de justice et à la délivrance des prisonniers de Veyrac ; le chanoine Verneresse, qui, la dague au poing, commande le poste du palais épispocal, sont plutôt des hommes d'action que des hommes de parole. L'évêque Henri de La Marthonie, lui-même, qui joue un rôle si important dans ces troubles, n'est pas représenté, par les documents contemporains, comme un orateur de mérite.

Après le rétablissement de la paix, les catholiques firent les plus courageux efforts pour regagner le terrain qu'ils avaient perdu. Répandre dans les campagnes l'enseignement religieux qui y était singulièrement oublié, combattre l'hérésie partout où elle comptait un groupe de partisans, tel fut le double but que se proposèrent et que poursuivirent avec une grande énergie, sous les règnes réparateurs d'Henri IV et de Louis XIII, de vaillantes phalanges de missionnaires fournies par les ordres religieux, et spécialement — en Limousin du moins — par les Récollets et les Jésuites. C'est surtout de cette époque que date l'organisation des missions de la nature de celle donnée en ce moment dans notre ville : de ces campagnes laborieuses contre l'ignorance, les préventions et l'incrédulité, de ces séries de sermons et de conférences où sont méthodiquement reprises et expliquées les bases de toute religion, les preuves de l'existence de Dieu et de l'action providentielle, les principales vérités de la foi ; où les orateurs cherchent à établir, pendant la durée de leurs prédications, des relations suivies entre eux et la population qu'ils évangélisent, afin d'arriver plus sûrement à leur but : la conversion de ce peuple et son retour à la pratique religieuse.

Au clergé régulier, avons-nous dit,

appartenait surtout le personnel des missions de la fin du seizième siècle et de la première moitié du dix-septième. L'autorité diocésaine et les hommes d'œuvres que possédait alors la ville de Limoges, pensèrent qu'aux séculiers aussi on pouvait demander leur contingent pour cette nouvelle évangélisation du pays. Martial de Maledent, dont on trouve la grande âme et l'infatigable zèle à l'origine de toutes les fondations pieuses et charitables de son temps, réussit à donner un corps à des projets un peu vagues, en créant, auprès de l'Hôpital Général, le Séminaire de la Mission, destiné à fournir des aumôniers à l'établissement et des prédicateurs au diocèse. Cette fondation avait, autant qu'on puisse en juger, été préparée par le vénérable Bardon de Brun, dont la pieuse activité s'appliqua à beaucoup de projets qu'il était réservé à d'autres de réaliser.

L'installation, en 1624, des Prêtres de l'Oratoire dans notre ville, assura aux missionnaires un puissant renfort. On sait qu'un des plus célèbres prédicateurs de cette congrégation, le P. Lejeune, appelé à Limoges en 1647 pour y prêcher les stations de l'Avent de cette année et du Carême de l'année suivante, fut retenu par le clergé et la population (l'Hôtel de ville lui servit une rente, ou peut-être, lui attribua la somme affectée aux prédications de l'Avent et du Carême, à la charge par l'Oratoire de pourvoir à ces deux stations) Lejeune consacra, à l'évangélisation de nos petites villes et de nos campagnes, la dernière période de sa vie: aveugle, souffrant, épuisé par les travaux de sa vie apostolique, sentant lourdement le poids des ans, il ne cessa de parcourir les cantons les plus pauvres et les plus sauvages, de poursuivre les âmes à travers les rochers et les précipices, endurant toutes les misères, toutes les souffrances, le froid et l'ardeur du soleil, la pluie et la neige, la faim, la soif, la fatigue, souvent victime d'accidents graves, ne s'arrêtant que quand Dieu lui refusa absolument la force physique nécessaire pour continuer cette dure existence. On lui a donné le surnom de « second apôtre du Limousin », et il le méritait. — Le P. Lejeune avait le secret de remuer les cœurs et de toucher les plus endurcis. Il savait le chemin des âmes. Il transporta souvent ses auditeurs jusqu'à l'enthousiasme. — Auprès du nom du grand missionnaire, demeuré célèbre dans les fastes de l'éloquence sacrée en France, il convient de citer celui d'un de ses confrères de l'Oratoire, Gabriel Ruben, d'Eymoutiers, prédicateur d'un certain mérite. Limoges, qui a vu naître Muret, D'Aguesseau et Vergniaud, ne compte, parmi ses enfants, qu'un petit nombre d'orateurs sacrés ayant joui de quelque réputation. A cet égard, notre ville a été plus féconde en ce siècle qu'en aucun autre. — Le plus connu de nos prédicateurs du moyen-âge est Pierre de Limoges, qui prêcha à Paris, composa plusieurs ouvrages de théologie et de morale, et fut attaché à plusieurs prélats. Nous le voyons au cours de la guerre dite de la Vicomté, donner des marques de dévouement à ses concitoyens et mettre à leur service ses relations à la cour d'Angleterre. Un chroniqueur anglais, Gervais de Canterbury, a fait de lui un bel éloge en peu de mots : « C'était, dit-il, un homme vaillant, habile et loyal. » — *Virum strenuum, peritum ac fidelem.*

Nous avons parlé des Pères Jésuites du Collège de Limoges. Ce n'était pas seulement par les missions prêchées à l'extérieur qu'ils travaillaient à la conversion et à l'édification de nos pères. On trouve dans quelques documents des allusions aux retraites que des ecclésiastiques et des laïques faisaient dans leur maison. Cet usage des retraites n'est pas particulier à la religion chrétienne. De tout temps l'homme a senti, à certaines heures graves, le besoin de s'isoler du milieu habituel où s'écoule son existence pour réfléchir, s'examiner, s'élever au-dessus de soi-même et se mettre en communication plus intime avec la Divinité. Pour l'admission à certains mystères de l'antiquité, on exigeait déjà une sorte de retraite préparatoire. Le Christianisme recourut en mainte occasion à cette salutaire pratique. On vit souvent, au moyen-âge, des rois, des prélats, de grands seigneurs se retirer pour quelques semaines ou pour quelques jours dans un monastère d'où ils sortaient l'âme tranquille et l'esprit raffermi.

Les fils de St-Ignace, dont le fondateur avait laissé, dans ses *Exercices*, le cadre et le formulaire des retraites spirituelles, répandirent l'usage de ces retraites, au cours desquelles quelques instructions, très sobres et très suggestives, complétaient vraisemblablement l'effet de la méditation. Le clergé séculier, au dix-septième siècle, mit fort en honneur cette pratique et y recourut souvent pour lui-même. Nous avons peu de détails sur les retraites faites au collège de Limoges ; mais dès 1605, les *Annuæ Litteræ* de la compagnie de Jésus constatent que quatorze personnes, dont un abbé séculier et deux prévôts de collégiales importantes, ont passé, au courant de l'année qui vient de s'écouler, dans l'établissement de la vieille rue Boucherie, un certain temps pendant lequel ils ont suivi les exercices de St-Ignace et en ont retiré de très grands fruits spirituels.

Revenons aux missions. Elles paraissent avoir été souvent subventionnées et dans une certaine mesure guidées par une sorte de comité directeur de l'action catholique, la Compagnie du St Sacrement, fondée en 1647, composée d'un petit nombre de laïques et d'ecclésiastiques notables, et qui, on ne saurait le mettre en doute, joua, durant un certain nombre d'années, un rôle aussi prépondérant que curieux à étudier, dans toutes les affaires se rapportant de près ou de loin aux intérêts de la religion et de la morale.

Les missionnaires du dix-huitième siècle ne le cédèrent en rien à ceux de la période antérieure : ils déployèrent le même zèle et ils obtinrent les mêmes succès. Les liasses du fonds de l'Evêché, aux archives départementales de la Haute-Vienne, contiennent le récit d'un assez grand nombre d'épisodes pittoresques, les uns touchants, les autres plaisants, de leurs campagnes apostoliques.

Les Jésuites semblent avoir pris, à ces prédications, une part moins active à l'époque où nous sommes parvenus. Les franciscains : cordeliers, recollets, capucins, sont, avec nos prêtres du séminaire de la Mission, les héros ordinaires de nos épisodes. Un des plus connus, parmi ces apôtres modestes, fut le P. Elie Jacquet, recollet de la Maison de Ste-Valérie de Limoges. Mentionnons aussi, parmi ceux dont le souvenir n'est pas tout à fait effacé dans la mémoire des hommes, un autre religieux de St-François, originaire de Confolens ou des environs, et dont l'abbé Legros rappelle quelque part le nom avec éloges. Ce nom n'est pas inconnu aux Limousins de 1897 et en particulier aux lecteurs de la *Dépêche de Toulouse* et du *Rappel du Centre* ; mais quelle stupéfaction éprouverait le bon Père Chabrouillaud, s'il revenait au monde, en constatant l'abîme qui sépare, de la doctrine de ses sermons, les théories de son homonyme, quelque neveu sans doute, devenu l'évangéliste et le pontife de l'Eglise radico-socialiste de Limoges, le mentor du docteur Raymond, l'Egérie du député Labussière, la muse du citoyen Treich...

Ajoutons que le fameux P. Bridaine vint dans le diocèse et y prêcha des missions ; mais nous ignorons s'il s'est jamais fait entendre à Limoges.

L'Avent et le Carême ont toujours été les deux stations principales de l'année, les deux périodes d'attente et de préparation durant lesquelles les prédications peuvent et doivent opérer les plus grands effets. Dans beaucoup de villes, dans plusieurs localités de notre province notamment : à Limoges, à Brive, à Ussel, à Meymac, ces deux stations étaient prêchées par un religieux rétribué par les magistrats municipaux et choisi par eux. A Limoges, la nomination du « prédicateur du Consulat » était une affaire d'une certaine importance et elle n'avait pas lieu sans discussion.

Les divers couvents de la ville — on le sait, ils étaient nombreux — briguaient l'honneur de fournir l'orateur et proposaient leurs meilleurs sujets. Des crédits spéciaux, affectés à ce service, figuraient au budget communal, et nous trouvons à l'arrêt du Conseil du 5 décembre 1693, qui fixe les dépenses ordinaires de la ville, deux articles relatifs à ces stations : 360 livres pour « le prédicateur de l'Advent et Caresme, pour toutes choses », et 10 livres pour « celui qui sonne les cloches pour les sermons et garnit la chaire du prédicateur ». Cette dépense figure aux comptes de l'Hôtel-de-Ville jusqu'à la Révolution : Quand les deux séries de sermons ne sont pas données par le même prédicateur, 120 livres sont attribuées à celui prêche l'Avent et 240 à celui qui prêché le Carême.

Les deux stations étaient données dans la grande salle capitulaire de l'ancien monastère, où des sièges étaient réservés aux dignitaires ecclésiastiques, aux membres du chapitre, aux magistrats municipaux, au présidial, à l'Election, au corps des marchands et à la grande confrérie de St-Martial. Le reste de l'assistance restait debout ou s'asseyait à terre. En 1711, la chaire fut transportée dans la basilique : ce fut une grave affaire que ce changement du lieu traditionnel de la station ; l'Intendant et les Consuls eurent à intervenir. Les prédications eurent lieu depuis dans l'église même de St-Martial.

A partir de 1694, nos Registres consulaires nous donnent chaque année le nom du prédicateur municipal. L'orateur qui ouvre la liste est un récollet, le P. Apollinaire Delobard ; vient ensuite un jésuite, le R. P. Jaume ; le troisième est le P. Mousnier, récollet. On constate que les consuls cherchent à tenir la balance à peu près égale entre les diverses communautés : Carmes, Jacobins, Feuillants, Cordeliers, Récollets, Augustins, Jésuites se succèdent dans la chaire de St-Martial, où on voit aussi monter des Oratoriens et des religieux de la congrégation de St-Maur. Assez longtemps, semble-t-il, les prédicateurs sont presque exclusivement choisis parmi les réguliers. Plus tard, des ecclésiastiques séculiers sont plus souvent nommés par le corps municipal : des chanoines, des vicaires de paroisses ; mais la préférence de la population paraît rester aux religieux. Parfois le choix du prédicateur donna lieu à des conflits assez sérieux entre les membres de la municipalité : chacun avait son candidat et soutenait sa communauté préférée. En 1736, les consuls, ne pouvant se mettre d'accord sur cette grave question, durent prier l'intendant, qui était alors M. de Tourny, de vouloir bien nommer lui-même le prédicateur de l'Avent et du Carême suivants : s'inspirant du célèbre jugement de Salomon, Tourny décida qu'on prendrait deux orateurs au lieu d'un et qu'on demanderait aux Jacobins le prédicateur de l'Avent : ce fut le P. Gouët, — et aux Jésuites le prédicateur du Carême, qui fut le **P. Plumant.**

Il ne faut pas oublier que le prédicateur attitré de l'hôtel de ville, outre les deux stations de l'avent et du carême à St-Martial, donnait, de tradition, quelques sermons dans d'autres églises de la ville : un à la Cathédrale, un autre à Notre-Dame de la Règle, un troisième dans la chapelle des Augustins. Ce dernier fut pendant quelque temps interrompu, à la suite d'un petit différend dont les registres de l'hôtel de ville nous ont conservé le récit. Les magistrats municipaux n'autorisèrent leur prédicateur à reprendre la tradition qu'après avoir obligé les Augustins à leur faire des excuses.

Le dernier prédicateur municipal désigné avant le vote de la Constitution civile du clergé et le déchaînement de la persécution religieuse, fut l'abbé Dumontet-Lambertie, alors vicaire à Limoges, qui avait déjà été choisi pour prêcher les deux stations officielles et qui rédigeait alors la *Feuille hebdomadaire* de Limoges. Lambertie, qui avait blâmé dans son journal les excès révolutionnaires et défendu l'administration de M. Pétiniaud de Beaupeyrat, attaquée par la *Feuille patriotique* d'un Sr Martin, se vit en butte aux menaces du parti avancé : on lui annonçait chaque jour qu'il allait être lanterné. La Garde nationale demanda en mai 1790 la suppression de sa feuille, et le corps municipal eut de la peine à faire comprendre aux soldats citoyens qu'il ne lui appartenait pas de déférer à cette requête, son objet étant absolument en contradiction avec la fameuse *Déclaration des droits de l'Homme* dont les auteurs de nombre de lois en ce moment en vigueur, des lois fiscales concernant les congrégations entr'autres, ont à leur tour si profondément oublié les principaux articles.

Lambertie, qui avait courageusement fait tête à l'orage et refusé d'abandonner la rédaction de la *Feuille* et de quitter Limoges, dut néanmoins, peu de temps après, renoncer à continuer sa collaboration à la première gazette Limousine. Il ne montra malheureusement pas, comme prêtre, la fermeté qu'il avait montrée comme journaliste ; il se laissa aller à prêter le serment constitutionnel, et se vit désigné le 28 novembre 1791 par la municipalité, qui n'avait pas encore abandonné toute tradition pieuse et tout sentiment religieux, pour prêcher l'Avent de cette année ; en février 1792, on le chargea de nouveau de donner la station du Carême qui allait s'ouvrir. Il serait curieux de connaître le texte de ses sermons. Lambertie partit peu après pour Périgueux, revint à Limoges, y fut arrêté, interrogé par le Comité de surveillance, envoyé au tribunal révolutionnaire et monta sur l'échafaud à Paris. Il retrouva son courage au pied de la guillotine et mourut en chrétien et en prêtre, après avoir témoigné de son repentir.

Nous avons noté, dans un précieux manuscrit de la bibliothèque de MM. les supiciens du séminaire de Limoges (la *continuation des Annales* de 1683 à 1790), du au laborieux et savant abbé Legros, quelques lignes relatives à une station prêchée à la veille de la Révolution et qui eut son caractère original.

On sait qu'autrefois notre ville ne possédait pas de casernes. Les corps de cavalerie envoyés aux dix-septième et dix-huitième siècles en cantonnement d'abord, puis en garnison à Limoges, étaient logés dans quinze ou vingt auberges, louées par la ville et disséminées dans les faubourgs. La plupart de ces hôtelleries se trouvaient dans la région du Pont St-Martial, sur le territoire de la paroisse de Ste-Félicité, dont l'église, depuis la Révolution enlevée au culte, sert aujourd'hui d'habitation. En 1790, le curé de cette paroisse, M. Rouard, prêtre fort zélé, s'avisa d'annoncer une retraite spéciale pour les cavaliers du régiment de Royal-Navarre. Il obtint le concours de quelques confrères, entr'autres du curé de St-Maurice, M. Pétiniaud, — alors officier municipal de la Cité, — lequel prêcha, le 19 mars, le sermon d'ouverture. L'entreprise réussit ; les prédications furent suivies, et les organiteurs de cette « retraite militaire » comme l'appelèrent des plaisants, eurent la consolation de voir un assez grand nombre d'officiers et de soldats s'approcher des sacrements.

Nous voilà arrivés à la Révolution. Le dominicain Foucaud, qui parle à la Garde Nationale du haut de l'autel de la Fédération, sur la place Tourny, fait imprimer et distribuer ses discours. Il est un des fondateurs du Club des *Amis de la Constitution*, qui groupe les ennemis de la religion ; il en devient un des orateurs les plus ardents et un des plus violents meneurs. Gay Vernon et Audouin ne lui cèdent en rien en « énergie patriotique ». Les derniers et vaillants défenseurs de l'Eglise : Tabaraud, Vitrac, M. Montbrial ont été obligés de quitter le Limousin et bientôt la France. Les conseillers du peuple ne veulent plus pour lui ni religion, ni culte, ni sermons, ni prédicateurs. Il faut que le peuple soit à eux, rien qu'à eux : On sait où vont le mener ces maîtres.

LIMOGES. — IMP. COMMERCIALE — PERRETTE.

www.ingramcontent.com/pod-product-compliance
Lightning Source LLC
Chambersburg PA
CBHW061828060726
47597CB00008B/3406